만인시인선·72

남강 벼룻길

강경주 시집

남강 벼룻길

만인사

시인의 말

남강가에 사유의 둥지를 튼 지도 퍽 오래되었다.

함양 마천의 지리산에서 토끼와 입 맞추고, 곰과 발바닥 맞추며 살다가 남해섬으로 가서 강태공 흉내를 내며 소금물에 찌들기도 하였다.

산으로 바다로 오명가명하면서 술 취해 흔들리는 족적, 시조 가락에 실어 띄우고 오로지 내 안을 밝히는 일에 몰두하였으나 아직도 부처님 앞에 앉으면 건망이나 떠는 땡초일 뿐이니.

차 례

차 례

2

차 례

3

차 례

차 례

5

1

달개비

목숨 걸고 시를 쓰겠다
샛파랗게
다짐해 놓고

목숨의 한 끝에서 빗장도 풀지 못한 채

꽃밥만 서넛 안치고 그만 혀를 빼물었다

실안 낙조

울 아부지 잡아먹고 울 엄마도 잡아먹고

종일 속삭이는 바다가
눈웃음치는 바다가

그깐 건

간에 기별도 안 간다고 해를 꿀꺽 넘긴다

미안하다

나 같은 게 살아서 네 허리를 껴안는다

껴안아도
껴안아도
아득한 바다, 아내의 허리

아프단 말도 못하고 웃지도 못하고

이팝에게

어둑어둑하던 뱃속이 갑자기 환해지겠네
노오랗던 하늘이 다시 파아래지고
한소끔 피어 오르네 눈물이 찡 돌겠네

어린 새들 지저귀는 소리 반짝반짝하겠네
아이들 뜀박질 소리 뜻밖, 뜻밖이다가
별 총총 속삭이겠네 소복소복하겠네

물방울

돌틈을 빠져나와 사슴 눈 귀를 씻는

아가야, 잎새 끝에 맺힌 앙심 보이느냐

동녘의 푸른 바다가
아우성이다
아우성

물안개

아침 호수에서 아른아른 김이 피어 오른다

뜬눈으로 밤을 새운 너와 나 사랑의 미열

오래된 그리움처럼 잠포록한 슬픔처럼

은하수

배가 너무 고파서 잠이 오지 않는 밤

초롱초롱한 별들도 배가 고픈가

희뿌연 풀떼죽 옆에서 밤새 찡찡거리네

낮달

아직 푸른 정수리에 쓸쓸히 떠 있는

나의 뒤뜰을 서성이는 창백한 그 아이

골똘한 생각 한 귀퉁이 쓰다듬어 줘야겠다

첫사랑

저 골목을 돌아들면
그 골목을 돌아나오는

그 가시내와 딱! 마주칠 것만 같아

두 뺨이 얼얼해지고 정신이 아뜩해지는

청명

들판 한가운데서 엉덩이를 까고 앉았는데

누가 훔쳐보며 깔깔거리는 소리, 어?

저놈의 참새들을 그냥……

허, 그 날씨 한번 조오타!

백로

물속의 피라미를 물끄러미 들여다보다가

긴 목을 뱀처럼 휘어 팽팽히 꼬나보다가

아닌 척,

하늘 우러러 침만 꿀꺽 삼키다가

낙엽 1

어깨
툭
건드리며 알은 척 시늉하다가

몰래 옆에 앉아 바스락거리고 있다가

지친 듯

누워도 보다 쓸쓸히 돌아가는

낙엽 2

이리저리 기웃거리다가
우루루 몰려다니다가

쓸쓸한 노숙자처럼 의자에 누워도 보고

철없는 애들 같으네, 사는 게 노는 거네

장미원에서

하루 종일 장미원에 앉아 데낄라를 마신다

술향과 꽃향기는 서로 다투지 아니하고

농염한 허리를 안고 함께 담을 넘는다

낙엽에 관한 추억

간밤에 쓴 편지를 오전에 나가 부치고

오후엔 돌아온 편지를 쓸쓸히 태운다

실핏줄 타는 그리움, 이 오랜 고단함

겨울비

언 몸으로 돌아오는 시린 음절이 사무쳐라

꽃이 못 될 노래는 아예 부르지 말걸

동백꽃 붉은 입술이 애릿애릿 젖는다

2

주먹이 운다

낼 모레 칠십인데 아, 주먹이 운다

손봐줘야 할 놈이 바로 나라서 어쩌지도 못하고

부르르 부르르 떨다가 찌, 찌르르 우는 밤

울 마누라

곤드레 만드레 술에 취해
몸을 가누지 못하는데

걸음걸이가 아장아장 어린아이 같다네

크! 술은
내가 다 마시고 詩는 당신이 쓰시네

이미지는 내 뱃속에서 부글부글 끓어오르고

아, 詩發
술향기는 마누라 입에서 다 나오네

우리가 은유인 까닭으로
당신의 간장이 다 녹았네

아내보살 마하살

사과를 깎을 때마다 아내는 언제나

칼등으로 톡 톡 노크를 잊지 않는다

스니임,
머리 깎으실게요
하시는 것 같다

불면

한밤중에 일어나 앉아
손을 쥐었다 폈다 해 본다

빈 주먹인데 뭘 땜에 꼭 쥐고 살았을까

찌르르
손바닥이 운다
어쩌자는 것이냐?

머나먼 話頭

요즘 들어 부쩍 혀를 자주 깨문다

함부로 씹어대다가 딴생각을 하다가

급하게 말을 하다가, 자다가도 깨문다

시력 검사

편견 없이 살았다고,
차별 없이 보았다고
거침없이 판단하고 치우치지 않았다고
두 눈 다 멀쩡하기 땜에 그럴 수 있었다고

그렇게 살아왔는데, 아뿔싸 아니었네
오로지 한쪽 눈으로만 세상을 읽고 살았네
의사는 사람들은 다 짝눈이라고
걱정하지 말라고 다독이네

자라면서 차츰차츰 짝눈이 된다고
거의 한쪽 눈으로 살면서 그걸 모르고 산다고
그래도 잘 살아간다고 걱정하지 말라고

주민등록증

희미하게 바랜 얼굴, 영혼이 없어 보이는

다섯 살 적 돌아가신 아부지 영정 같은

마음에 둔 적 없지만 늘 품 안에 있었던

남 보기 전에

길 가다가 넘어지면 그냥 발딱 일어나잖아?

어떻게 일어날까 생각하는 거 아니잖아?

씨이익

웃고 가잖아 ?

툴툴 털고 가잖아?

일탈

젠장,
산이 날
좋아하는 것도 아닌데

맨날 산에는 가서 뭐 하나 싶기도 하고

산이면 제가 언제나 산이겠나 싶기도 하고

일기예보

내일은
안개 자욱하고
가시거리 짧겠습니다

하지만 내일 때문에 오늘을 망치진 마시어요

오늘은,

오늘일 뿐 내일이 아닙니다

이삿짐

아끼던 것들인데
왜 이리 초라한가

손때 묻은 것일수록
자질구레 민망한 것들

그렇게 소중했던 것들이 다 쪽팔리는 것뿐이다

겨울, 독방에서

하루 두 시간쯤 햇볕을 기다리는 일처럼
누가 날 간절하게 기다려 줄 수 있을까
나도 그 누구에게는 온기가 될 수 있을까

돌아앉으면 굽은 등을 가만히 쓰다듬는 햇볕
신문지 한 장만큼만 환한 이 영상에 맞춰
조금씩 옮겨 앉으며 살아가는 행복이여

친구

술취한 나는 나의, 가장 좋은 친구이다
평소엔 서로 모르는 척 점잖게 잘 지내다가도
기대고 비틀거리고 부둥켜안고 지랄이다

그래 그래, 오늘은 헛소리도 좀 하는 거야
봄비는 꼭 쐬주 같다 그지!
실실이 비밀을 풀면, 비실비실하면 좀 어때!

문둥병

아프냐,
그러면 아프게 살면 되지

발가락이 떨어져 나가도 아픔을 느끼지 못한다면

좋겠냐
너는 좋겠냐
아프고 싶지 않겠냐

막차를 타고 가며

어두운 창밖에 피곤한 얼굴이 비친다

죽음같이 깜깜한 저 거울 아니라면

어디다 우리의 삶을 비춰볼 수 있을까

3

남강, 뒤벼리에서

여기 와서 강물은 소스라치듯 돌아보지만
허리를 쓸어안을 때마다 시퍼렇게 깊어지는 상처
암벽에 머리를 부닞치며 마침내 깊이 울었다

아무리 둘러봐도 사람은 보이지 않고
벼룻길 돌아가는데 울음을 끊는 딸꾹질
스스로 제 입을 틀어막고 안개 속으로 잠행한다

故鄕抄

어머니는 뼈 속에도 바람을 기르면서

푸석푸석 바람이 든 무우를 뽑아낸다

우우우,
서슬 푸른 모의로
청대밭이 술렁인다

풍치 앓는 잇몸처럼
허전한 이랑마다

도지는 두드러기 서릿발이 일어서고

살면서 부푸는 비듬
허연 눈발이 날린다

어머니의 강 1

아직도 종아리가 쓰린 서른 다섯 나이에
회초리 쥐셨던 손 풀린 심줄 흐르는 강
가슴이 쩌엉 울리는
살얼음을 밟고 간다

그 세월 한숨처럼 가만가만 내리는 눈
눈치가 없기로는 그 때나 매한가지
무심코 눈을 뭉쳐서 江心으로 던진다

北平 너른 벌은 다 떠나도 쉬지 않고
매운 바람 거느리고 보리눈을 틔우며
흰 속살 푸르게 흐르는
심줄이여,
강이여,

하류에서

생각해 보면 참 아득하지 않은가
우리 서로 물비늘인 듯 반짝이는 언쟁의 배후
둘인 듯 곧 하나인 듯 잠깐 잠깐 꿈꾸는 듯

순수한 목숨은 제 무게를 느끼지 않듯
한 순간 한 순간 눈부신 영원인 듯
천 년을 흘러가면서 오늘을 뒤척이는 듯

아, 내가
숨 쉬는 것은
가벼이 설레는 것은

조약돌 같은 그 아이들이 떴다 잠겼다 하다가

일광의 그물에 걸려 파닥이는 때문인 듯

이승의 한 모롱이에서

그까짓 사소한 일로 등 돌리고 누운 당신
하기는 삐칠 일 아니면 마땅히 할 일도 없는 것을,
이승에 함께 있으니 건드려 보기라도 하는 것을,

당신의 기척 아득히 멀어지고
이승의 방 한 칸이 텅 비는 적막함에
당신의 숨소리 따라 내 숨소리를 맞춰 보는

벌초

길이 없다고 하지 마라 아들아, 우리는 왔다
저승길도 길이라면 여기서도 길은 끊이지 않고
보아라,
우리가 오른 길을
풀들이 일어나 다 지웠다

아부지 무덤 앞에서 아득하구나, 아들아
슬픔보다 더 기막힌 건 희미한 얼굴 아득함이란다
앉아라,
삶과 죽음이 다정하게
아들아, 앉아라

아무리 아파도 잊으려 애쓰지 마라
영원한 건 현재뿐이고 흐름은 우수와 같다, 아들아,
나란히 앉을 수 있을 때
앉아라, 아들아

아부지 이마 위에 햇살이 비치는구나

저승 어디메에 저 빛이 닿겠느냐
아들아,
따가워 말아라
곧 날이 저문단다

방황에 관한 추억

그날도 나는
학교가 가기 싫어

돌부리를 툭툭 차며 성은암으로 갔었는데

넌 대체 어디다 두고 이렇게 혼자 왔니

푸르스름한 정수리
칼 맞은 흉터가 낮달 같았던

그 스님, 날마다
조는 듯 마주앉아

제 마음
풀어 우린 차를 새록새록 마시다가

말한 듯 아니 한 듯
풍경 같은 기척으로

혼자 오래 두면 외로운 것이제

그 너가
잊어버리기 전에 돌아가야 하는 거여

고성산 小考

우리 동네 뒷산 고시랑고시랑 고시랑당
어린 날 여린 귀에 고시랑고시랑 살아있던
고성산 마지막 동학인 하늘탑에 어린 핏빛

오늘은 한가윗날 다시 淸水로 씻는 우리
그날이 나흘나흘 구름에 실렸구나
달무리 얼큰한 눈빛 둥근 뜻이 젖었구나

산억새 비수 같은 혀에 짜랑짜랑 맺힌 물빛
덕천강 또 울겠네, 흐름 따라 흐르는 것
흰고름 천리로 풀고 아릿아릿 가는구나

왜 이리 입술이 타는가, 우리 백주 들어 봄세
취하고 또 취해서 숨차도록 달아오르면
어쩔래, 고시랑먼당
서걱이는 저 心告, 다 어쩔래

눈치

오랜만에 형제들이 모여 짜장면을 먹는데
짜장면을 먹는데 아, 또 국물이 흥건하다
이 없던 국물 때문에 나는 늘 눈치가 보인다

누가 보기 전에 재빨리 국물을 마셔버린다
국물이 지저분한 건지 그런 내가 더러운 것인지
남보다 다른 내 침이 좀 수상한 것인지

여섯 식구가 함께 풀때죽을 퍼먹고 살았는데
숟가락이 서로 부딪쳐도 아랑곳하지 않았었는데
막내도 눈치를 보더니 국물을 후루룩 마신다

참회

우리 가족은
여섯 꽃잎, 한 송이 꽃입니다

그런데 나는 자꾸 재채기를 합니다

꽃잎이 태풍에 쓸리듯 마구 흐트러집니다

너무 쉽게 화를 내고 침을 튀기며 살았습니다

다른 사람들 앞에서는 비굴하게 잘 참다가도

오로지
가족이라는 이유로 참지 않았습니다

歸巢

붉은 노을 헤어 새들이 돌아간다

쓸쓸한 의식을 눕힐
몇 평 어둠을 깔고

피곤한 노동의 팔을 바람 속에 씻으며

문을 걸고 돌아누워 꿈을 덮는 사람들은

한밤내 주름지는 물빛 이랑을 넘어

먼 나라
바람 소리에
촛불처럼 흔들린다

병 문안 1

소풍이라도 가는 기분으로 시골집에 들렀다가
곡기 끊은 지 벌써 열흘, 마른 낙엽처럼 누워계시는
영혼이 바스락거리는 노모의 허물을 본다

젖 먹던 힘을 다해 겨우 눈을 뜨시지만
만지면 부서질 것 같아 일으켜 드리지도 못하고
빼꼼히 창 열어 드리는데 하늘이 참 눈부시다

병 문안 2

이젠 욕심이 없으신가, 수염이 곱게 자랐네
이렇게 깨어나니 이승의 어디쯤이신가
꿈이면 뭐 어떠신가, 어차피 한통속인 걸

삶이 없으면 죽음도 없는 것인데
쓸쓸하지도 않으면 어찌할 뻔했는가
내 안에 모두 있는데 무얼 그리 기다리신가

꽃나들이

오늘내일하시는 구순 노모를 모시고
마지막 꽃구경 세상구경 나왔더니
꽃들은 이미 다 지고 신록이 한창이다

기진한 노모께선 바람으로 느끼시다
눈꺼풀 아르르 속눈 반쯤 뜨시고
세상 참 눈부시다야 혼잣말 겨우 하신다

갑자기 눈앞이 흐려 차를 멈추고 앉았는데
애비야 왜 그러냐, 길을 잘못 든 것이냐
아니요, 엄니 아니요 세상이 눈에 부셔서요

임종

한 평생이 딸깍, 숨 한 번으로 넘어가네

엄니 한 생애의 가장 극적인 전환의 순간

끄르르

숨 내리는 소리 아득하게 들리네

존재의 상태에서 비존재로 흩어지는

그것으로 그만이네 마지막 허공 한 모금

호흡이 너무 깊어서 돌아올 수 없으시네

어머니의 강 2

노랑 빨강 애기들을 아장아장 걸리고 오는

먼 기억 속 우리 엄니 산성의 이랑을 누벼

언 손금 풀어 흐르는

강이 하나 보이네

4

가야산 소리길

하늘 아래 사람들은 모두 하늘 같으시라

발을 씻는 물소리는
팔만 사천 무량 법문

業障도 실핏줄 고운 단풍잎 같으시라

머리 없는 돌부처

1
목 잘린 돌부처의 머리 없는 그 머리에
금강아지풀 소복이 자라 까불까불합니다
풍경이 제 울음 울자 바람을 흔들어 보입니다

2
머리를 통하여 머리가 없기를 바라고
머리가 없는 그 나를 쓸데없이 窮究하다
몽둥이 한 방에 그냥 목이 떨어진 것이라

3
천둥번개 같은 충격에 정신이 얼떨떨하더라만
눈앞에 별이 빛나는 한 순간의 廓撤大惡
다람쥐 앉았다 가는 빈 머리를 얻었구나

이 무슨 소린고?

어느 날 토굴에 앉아 용맹정진하고 있는데
은사께서 오시어서 헛기침 몇 번 하시고는
작약밭 풀은 안 매고 뭐한다꼬 들이앉아 있는고?

얼굴도 안 보고 바람처럼 내려가시길래
은사께서 아끼시는 작약밭의 잡초를 고민하다가
다음 날 작약을 모두 캐어 사람들에게 다 줘버렸다

잡초만 무성한 밭을 은사님께서 올라와 보시곤
내려오라 하시길래 고요히 따라 갔더니
法床을 내어 주시며 앉아도 되겠다 하시었다

금강경

소금덩이 하나가 마침내 바다를 만났다

와! 이게 뭐지

당신은 대체 누구예요?

바다는 웃으며 말했다

이리 들어와서 보렴!

적멸보궁

꽃도 삶이 꿈이런가

한목숨 자는 오정

아무래도 무슨 일이 있기는 있나보다

마실간 풍경소리도 돌아오지 아니하고

다솔사

내가 긴 그림자
산문 밖에 내려 두고
바람이 열어 주는 해탈문을 들어서자
그윽히 속진을 떠는가
풍경을 잠시 흔든다

어지러운 속기 씻어
하늘 한 자락 틔우더니
산새 몇 울리어서 화두를 풀어 놓고
茶香도 꽤 깊은 가을날
낙엽 두엇 날린다

내원사에서

寂默堂 퇴락한 기둥에
비슴히 기댄 몽당비 한 자루

검불만 쓸었겠는가
낙엽만 쓸었겠는가

꽃잎도 가만히 쓸고 고운 정도 쓸어내고

계곡에서

가서 도도한 강물이 되기 전에
목을 축인다
나무는 나무끼리 숨결 닿는 하늘 아래
속마음 숨기지 않고 조잘거리는 네 입술

가서 도도한 강물이 되기 전에
귀도 씻고 눈도 씻고 마음 같이 흘려 보내면
업연도 제 짐을 풀고 물안개로 뜨는 거

꽃길 십 리

화개에서 쌍계까지 꽃길 벚꽃 십리길
봄은 이미 나른한데 몸을 트는 꽃배암길
사람은 사람 마음에 꽃뜸 놓고 달이고

화엄화엄 아득한 길 꽃 피어 환한 법계
俗心도 어룽어룽 눈이 반쯤 뜨이는데
佛心은 이승 끝에 앉아 뜬 듯 만 듯 웃는다

별일 없는 날

1
성은암에서 두방사
두방사에서 청곡사까지
익숙한 산길을 싸목싸목 걷는다
발끝에 채이는 돌들이 화두를 툭툭 던진다

2
새 한 마리
포르르
우듬지를 떠난다
나무가 온몸을 떨더니
하늘은 더욱 깊어지고
여여히 빛나는 蜜語가
뿌리로 다시 내려간다

3

생각이 깊어진 산머리 위에
이윽고 별이 떴다
심장 박동에 맞추어 뛰는 무량한 목숨의 빛
마음도 몸도 버리고 꽃잎 속잎 눈뜬다

성은암 1

댓잎 스치는 바람에도 불심을 느끼는가

뭇새, 妙音을 깨쳐 산빛 일으키는 慧峰

法性은 구름을 타고 먼 바다를 건너간다

달빛 고요히 내려 僧과 俗을 감싸는데

자기 안의 불을 밝혀 깨어 있는 伴雲堂엔

마음을 보고 있는 마음 다향만 가득하여라

*聖隱庵은 진주 月牙山 靑谷寺 암자이다.

성은암 2

팽나무 그림자가 성은암에 내릴 때쯤

남해 바다 자란사란 法水 차 올라

세존의 눈시울에 나뜨는 수평선이 가물가물

온 산 적막하여 시름의 이슬 맺힐 때는

대숲이 자지 않더니 달을 낚아 올린다

그 언어, 원광이 부서져 사무치게 쏟아진다

성은암 3

네 발로 이 길을 가면
거기에 오르리라

누가 일러 주었지만
성은암은 보이지 않고

바람만 우루루 몰려 내달리고 있었다

오르는 길을 잊을 때까지
나를 찾아 오른다

강물은 바다에 이르러
제 흐름을 다 지우고

생각을 모두 버리고
몸도 마저 버린다

오르는 길을 까맣게 잊을 때까지

산의 깊이에 얹혀서 산을 오른다

오르고 있는 줄을 모른다
산에 그냥 잠긴다

성은암 4

도원 선생 功力 뜨겁다 뜨겁다 했더니

새 그림을 그린 게 아니라 새를 그렸다

아즐가,
雲堂 지키는 새 한 마리 띄웠다.

나는 게 아니야 살아가는 거야

땅에 발 디디고도 흔들리는 사람들아

나는 건 꿈이 아니야 살아가는 것이야

성은암 5

헐떡이는 마음을 놓고
한 목숨 머무는 고요

뚝,

굴밤 떨어져
까르르
굴러간다

내 안의 탯줄을 끊는 어린 애기
웃음소리

미황사 기억

고사목 탈속한 白碑
일몰에 비친 울음처럼

허옇게 바랜 배흘림기둥
속까지 튼 맨살에 스며

서녘의 황금빛 바다 소금꽃을 피웠더라

石間水

절벽에서 뽕뽕
새소리를 내며 듣는다

땀인 듯 기쁨인 듯 반짝이는 눈물인 듯

바위를 뚫고 나왔지만
상처 하나 없구나

冬安居

한밤중에 느닷없이 꿈에서 깨어나

찬물 한 바가지 머리에 뒤집어쓰는 거

귀뚜리 소리 듣는 거

초롱초롱 별 보는 거

5

섬

그때 그 사랑에 방부제를 넣을걸
성숙할수록 길어지던 그 그림자를 잘라버릴걸
섬들이 탯줄을 자르고 달아나도록 놔둘걸

말을 배우기 전에 눈치 채야 하는 건데
말이 나를 붙들고 바다의 깊이를 재고 있네
그 섬에 닿을 수가 없네, 목에까지 물이 차네

새벽 바다

밑 모를 깊이에서 그 밤을 닦아 내어
청미역 건져들면 꿰비치는 여린 속살
가난한 눈빛을 씻네 뽀얀 입김 흐르네

떠나온 연안에는 아스스 조는 불빛
시린 눈썹 끝에 맺히어 어룽이며
그만한 인연을 풀어 내 무게를 흔드는

그들이 청비늘로 밀어 올린 햇살 아래
가벼운 이 마음을 사금처럼 뿌려 두고
조약돌 깎인 아픔도 씻어 올릴 일이네

석모도에서

갯벌에도 가을이, 단풍이 한창이다
나문재, 퉁퉁마디, 칠면초, 해홍나물
숨이 타 불붙은 것들의 오, 선연한 붉은 빛

카펫을 깔아 놓은 듯한 칠면초와 해홍나물
가까이 살펴봐도 그놈이 그놈인데
여기서 사는 사람들은 멀리서 봐도 다 안단다

똑같은 배들 속에서도 우리 배는 금방 알아보고
아득한 곳에서 오는 이가 그이인지 아닌지 알 듯
한눈에 그냥 안단다, 안 봐도 다 안단다

미조리사랑

삶이 너무 숨가쁘면
마음을 유배 보내는 곳
꽃뱀 같은 해안길 따라 미조리에 가 보시라
파도가 가슴을 치다
쓰다듬어 주는 곳

포구의 한숨소리 수평 너머 잠재우고
품안 가득 차는 밀물 늘 설레는 미조항
선잠 깬
애기동백꽃이
빠알간 울음 우는 곳

우연히 서로 보듬고 하루종일 뒹굴어도
몽돌같이 둥근 마음
아프지 않은 우리 사랑
머나먼 그대 그리움이 쓰나미 일어 닿는 곳

소록도에서

성한 몸으로 소록도에 와서
어떻게 울다 갈까

오늘은 일요일 아픈 데는 휴일도 없어

사람은 다 떠나가고
문둥이만 남았다

진짜 썩어 문드러진 내 몸둥아리와 사랑과
쓴 소주 두어 잔에 붉어지는 마음을

도저히 놓고 올 수 없어
돌아보지도 못했다

섬 1

참으로 외로울 때는
외롭다는 말도 잊고

떠나도 떠나갔다는
아무런 생각도 없이

온종일 물비늘에 구르는
햇살만을 봅니다

언젠가 이승의 바다
건너가는 그 날을 위해

눈물 몇 점 예비하여 손 흔드는 연습을 하며

깊은 밤 그대 곁에서
푸른 손수건을 접습니다

섬 2

오늘 또 비 내리고 그 사람이 앓는단다

紅燈의 눈불만큼씩 몸이 날아오르고

청치마 해진 자락을 거품 물고 뜯는단다

섬 3

출항을 꿈꾸며 수평을 베고 눕는다
늘 흔들리는 마음이 밀려가고 밀려와도
지치지 않는 男根은 등대처럼 밤을 밝힌다

훼절한 갯벌이 포구에 늦잠 든 아침
비린내 나는 풍문에 뭇조개들 입을 다물고
안달난 아낙네들이 샅을 마구 파헤친다

그물코 빠져나와 생업을 엿보고 가는
또 하루치 삶의 무게가 바람에 흔들려도
우리는 닻을 올린다
해를 건져 올린다

섬 4

하늘 이고 바다를 둘러
황제처럼 떠 있어도

발가락 물어뜯는 참게 방게 내 어쩌랴

타고난 우수에 밀려
헐려나는 살점을

섬 5

앵속이 아니라도 잊을 수 있습니다
깡소주 몇 잔이면 허용된 환각에 빠져
괴롭고 슬픈 앙금을 다 저을 수 있습니다

이승의 갯벌에 찍힌 고뇌의 발자국들
아련히
아련히 지우며 들어오는
그리운 그대 목소리 꿈속처럼 들립니다

섬 6

밤 사이 초경을 친 가시내야 가시내야

날마다 너 아부지는 늘어진 개불만 주워오고
날마다 울 엄마는 바람난 합자만 잡아와서

새도록 파도를 치는
무릎 까진 섬이다

섬 7

발이 헐었네요
이제 좀 쉬셔야죠
아내가 소금물로 발을 씻겨 주는 날은
이윽고 바다로 가서 섬이 되어 뜹니다

어린 나이에 방황도 병이라며
애비 없이 키웠으니……
어머니 혀를 찰 때
청상의 모진 바다에도 한 점 섬이 뜨더니

아내여,
소금 같은 눈물일랑 아껴 둬야지
그대의 믿음으로 살아 가야지
다 잠든 적막한 바다,
깨어 있는 섬이여

섬 8

여보
우리 서로
반짝이던 때 있었잖소

섬처럼 떨어져 앉아 그리움 밀고 당길 때

겹겹이
접어 둔 바다 팽팽하게 펼칠 때

슬픔이 눈부시던 그런 때 있었잖소

고단한 우리 날개 은빛으로 파닥이던

물비늘 따라가는 눈빛 수평으로 걸릴 때

섬 9

강 따라 가면 누군들
숨이
가쁠까

때로는 사는 일이 꿈같이 아득하여

시 쓰는 부끄러운 몸짓 갈잎으로 누인다

남강, 그 유장한 사유

*

남강의 발원지는 남덕유산의 남계천(濫溪川)이다. 그러나 나의 젖줄이었던 덕천강(德川江)은 남강의 한 지류이며, 그 발원지는 지리산 천왕샘이다. 천왕샘의 물은 바위틈을 알몸 포복으로 기어나와 한 방울 반 방울 떨어진다. 바로 그 위로 천왕봉(天王峰)이 우뚝하다. 지리산은 남명(南冥) 조식(曺植)이 '하늘이 울어도 울지 않는 산'이라고 읊었다. 〈청컨대 천석 종을 보시라(請看千石鐘)/크게 치면 소리나지 않는 것이 아니니(非大扣無聲)/어찌 두류산만 하겠는가!(爭似頭流山)/하늘이 울려도 울지 않는다(天鳴猶不鳴)-題德山溪亭柱〉 어찌 감히 천석종 따위가 두류산과 어깨를 견줄 수 있겠는가 두류산은 하늘도 어찌할 수 없는 대상이다! '하늘이 울어도 울지 않는다'로 읽는 것이 더 은유적이다. 남명은 그러한 인물이었다.

천왕샘에서 발원하여 계곡으로 흐르던 물은 산청군 삼장면 유평리를 지나 남명이 거처했던 곳이자 진주민란 때

세력의 확장지였던 덕산(德山)에서부터 덕천강의 이름으로 흐른다. 이 강이 백곡을 거쳐 하동 옥종 북평(北平)들과 진주시의 원당(元堂)들 사이를 흐르다가 진양호에서 남강과 합류한다.

북평들은 지리산을 북쪽으로 두고 있는 그 주변의 들 중에서는 가장 너른 들이다. 남강의 지류인 덕천강을 젖줄로 하여 펼쳐진 비옥한 들로서 나의 잔뼈가 굵어진 들이다. 북평(北平)! 북천(北天)과 함께 그 은유적 느낌이 외롭고 휑하고 쓸쓸하지만 까딱하면 갑자기 돌개바람이 일 것 같기도 하다.

*

개천예술제를 맞아 꽃불이 일렁이는 남가람의 물결은 오늘따라 더욱 유장하다. 자연은 영원히 향기로운 꽃을 피우고도 말이 없지만, 사람들은 밤하늘에 단 한 순간 요란스러운 불꽃을 터뜨리고 환호성을 올린다. 꽃은 환하게 웃고 있어도 시끄럽지 않은데 불꽃은 펑펑 요란스럽기 그지없다. 그러나 유구한 역사의 경락에 붉은 꽃뜸을 놓으면 망진(望晉)과 대봉(大鳳)이 이마를 들어 먼 봉 월아산(月牙山)을 아우른다. 아, 오늘은 석류알처럼 붉고 시린 하늘이 열려, 하늘아래 사람들의 하늘 같은 마음이 열려, 눈빛은 저마다의 흐름을 씻고 강 건너 푸른 대밭을 마디마디 일으켜 세운다.

선비정신이 까랑까랑 숨쉬고 있는 남가람의 대밭은 겨울철이 더 일품이다. 싸락싸락 싸락눈이 차갑게 댓잎을 때리면, 청푸른 신경을 치고 또독 톡톡 뛰는 음향. 가만히 율(律)을 잡으면 공복의 대마디 쩌렁쩌렁 울고, 촉석루 얼음장 같은 대청마루 꼿꼿한 선비의 수염이 충정의 휘호(揮毫)를 비백(飛白)으로 친다.

남도 정서는 대나무에서 나왔다. 어릴 때는 연을 만들어 바람에 날리고, 평화로울 때는 퉁소와 피리를 만들어 소리를 띄우거나 부채를 만들어 땀을 식혔다. 토시 받쳐 입고 동편제 한 마당 앞산 망진으로 휘뚤휘뚤 얼쑤 꺾어 넘기기도 하다가, 심신이 어둑해지면 댓가지 흔들어 잡귀신을 훠훠 쫓아내기도 했다. 한여름 뙤약볕이 한창일 때는 죽부인을 만들어 껴안고 뜨거운 열기를 삭이었다. 그러나 여차하면 죽창을 깎아 불의에 항거하는 백병(白兵)으로 앞산 뒷산 백산(白山) 울울창창 일어섰다가, 나라가 위급할 때는 의병을 일으켜 싸우기도 했다.

수곡면 창촌은 진주민란이 처음 봉기된 곳이다. 진주농민항쟁 기념탑이 강바람을 이기고 서 있다. 여기서 강 건너 하동쪽을 바라보면, 북평들 저 멀리 내가 자란 고향 마을 뒷산인 고성산(古成山)이 보인다. 그 정상에는 늬엿한 햇살에 이마가 선연한 동학농민전쟁 기념탑이 빛난다. 마지막 동학군이 전멸한 곳이다. 황현(黃玹)의 『梅泉野錄』에 의하면, 전멸한 동학인들의 피가 한동안 덕천강을 붉게 물들였다고 한다. 지금도 비가 오는 궂은 날 밤이면, 그 원혼이 구시렁구시렁 고시랑고시랑한다하여 '고시랑당'이라고도 한다. 성터가 남아 있고 불에 달구어 그을러진 차돌, 새까맣게 탄 쌀 등이 지금도 출토된다.

*

촉석루가 돌올하다. 진주대첩의 함성이 아직도 들리는 듯한데. 그 아래 의암(義岩)에는 아직도 논개가 치맛자락 다 닳도록 서성이며 살고 있다. 죽고 또 사는 일이 이슬처럼 가벼워진 요즘 사람들, 치마 짧은 가시내들이 의암을 나비처럼 건너뛰고 있다.

80년대 중반이던가, 시인 정동주(鄭東柱) 형이 장편서사시 『論介』를 펴냈다. 나는 『논개』를 읽고 크게 세 번 울었다. 그 시대 민초들이 겪어야만 했던 피눈물 나는 참상에 울었고, 풍찬노숙하며 논개의 흔적을 찾아 따라갔더 그의 다 닳아 해어진 고단한 발품에 울었고, 7,000여 행의 장편서사시로 밀고 나온 그의 무뚝뚝하고 우직한 저력에 울었던 기억이 새록새록 떠오른다. 아무튼 논개는 동주 형에 의해 일개 기생이 아닌 최경회(崔慶會) 장군의 둘째 부인으로 다시 태어날 수 있었다. 말의 아름다움을 통하여 삶의 진실을 이끌어내고, 말의 질서를 통하여 삶의 질서를

제시하고자 했던 그의 대찬 목소리가 아직도 쟁쟁하다.

*

내 고향은 하동 옥종 대곡리 분딧골이다. '어머니'와 '고향'에 관련된 작품은 모두 이곳이 그 배경이다. 예로부터 옥과 백토인 고령토가 많이 나왔다는 옥산(玉山)이 있는 면소재지에서 다시 남쪽으로 그 방향을 꺾어 무심히 내려간다. 그러나 그냥 그렇게 무작정 지나는 게 아니라 미산고개 마루 하늘을 뜻밖에 오르다가 한 십 리 헐레벌떡 내달리면 아, 저 북평 너른 벌! 그 벌을 넌지시 눌러보는 옥산 옥산에서 건너뛰면 고성산 낡은 성터가 나온다.

덕천강 건너 명산(明月) 뒷산, 그 하늘 위로 휘영청 달이 오른다. 청상과부 우리 엄니 달보다 먼저 차오르는 한숨과 함께 밤늦도록 스르르 쓰르르 물레를 자아올린다. 그리운 지아비 이름을 밤새도록 부르다가, 시냇물이 홀짝홀짝 젖은 눈빛을 씻는 새벽이 오면 어머니 그 강물 위로 시나브로 일어나는 미열, 물안개가 스멀스멀 피어오른다.

막내가 아직 뱃속에 있을 때 엄니는 아버지를 여의었다. 보릿고개를 넘어가는 긴긴 하루 푸른 모가지가 서러운 나날, 뱃속에 든 애기가 빨강빨강 울음을 울던 그 어느 날 아버지는 떠났다. 먹어 둬야 울 힘도 생긴다 하여 물오르는 솔가지 흰 속살 벗겨 먹고, 그 사랑 그리우면 밤마다 허벅

지에 쑥뜸을 놓던, 청상(靑孀)의 푸른 치맛자락으로 매운 눈을 씻던 곳.

〈서럽기로 친다면야 콩꽃이 더 서럽지야./청상과부 치맛자락 푸른 콩잎 그늘에 묻혀/숨어서 우는 그 사랑 눈치로 익는 자줏빛//죽어서 꽃이 된다면야 며느리밥풀꽃보다는/돌콩 새콩 아니면 메밀꽃으로나 피어 일어/그 허연 한숨까지도 묵으로 쑤어 먹을라던〉 ―「어머니」

*

어머니가 돌아오실 시간이 훨씬 지났다.

동네 앞 너른 들녘을 적시고 흘러가는 덕천강물도 어둠 속에 시무룩히 잠기고 어느덧 건너편 마을 뒷산에 달이 올랐다. 우-우- 여우 울음이 들리기 시작한지 오래 되었는데도 어머니는 돌아오지 않는다. 진주 읍내까지는 무려 40여 리 길, 어머니는 가끔 한 말이나 되는 쌀을 이고 그 길을 걸어갔다가 쌀 판 돈으로 소주를 사서 그 두루미를 이고 걸어오곤 하였다. 오고가고 족히 7,8시간은 걸리는 길을 맨몸도 아니고 그렇게 짐을 인 채 걸어다녔다. 그러니까 새벽에 길을 나서면 밤이 늦어서야 돌아오곤 했다. 그 억척스러운 힘이 어디서 나오는지 몰랐지만 아무튼 어머니는 늘 그러하였다. 어머니가 짐을 들거나 이지 않은 채 다니는 모습은 한 번도 보지 못했다. 그날따라 어머니는 더 늦었다. 건너 마을 뒷산을 넘어오는 길은 지름길이기는 하나 바위너설이 쭈뼛쭈뼛한 벼룻길이다. 덕천강물이 시퍼렇게 내려다보이는 벼랑길을, 그것도 한밤중에 넘어온다는 것은 엄두도 내기 힘들었다. 그러나 어머니는 그 길을 자주 다녔다. 너무 늦어 길을 재촉해야 할 때는 꼭 그 길을 다녔다.

어머니를 마중하기 위해 들판을 가로질러 여울목까지 가서 기다리다 돌아와 깜박 잠이 들었다. 새벽녘이나 되었을까, 어디선지 들려오는 물 푸는 소리에 잠이 깨었다. 달빛 교교한 가운데 장독간에서 동이에 물을 붓고 있는 저 실루엣! 분명 어머니였다. 아무도 없는 한밤중, 사가지고 온 소주에 물을 타서 양을 늘리고 있는 중이었다. 어머니의 작업은 너무나 진지하고 조심스러워 보였다. 나는 숨이 멎는 줄만 알았다.

이튿날 날이 밝고 해가 중천에 오르자 여느 때와 마찬가지로 마을 아저씨들이 하나둘 우리 집 소주를 사 마시러 왔다. 마음이 조마조마하였다. 그렇지만 모두들 아무렇지도 않은 듯 술을 마시고 기분 좋게 돌아가면서 "소주 맛은 이 집이 최고!"라고 하는 것이 아닌가.

나는 어머니와 함께 밭일을 하다가 나무 그늘에서 잠시 쉬고 있을 때 조심스럽게 물어 보았다. "어무이요, 사람들이 물 탄 소주 마시고도 취해뿌린다 그자?" 깜작 놀란 어머니가 황급히 말씀하셨다. "야가 뭐라쿠노? 그 쐬주 물안 타고 바로 마시면 다 죽는다카이! 독해서 큰일난다카이!" 어머니는 그래 놓고 먼 하늘로 눈길을 돌리셨다. 비행기 한 대가 구름 한 점 없는 무더운 하늘 속을 날아가고 있었다. "야들아, 너것들도 이리 내려와서 우리집 쐬주 한 잔 하고 가면 안 되것나! 써언-할낀대?" 그러면서 날 보고는 씨익 웃으셨다. 그러나 그날 이후 어머니는 나 보고는 잘 웃지 않았다. 눈치가 없기로는 그때나 지금이나 날 따라올 사람은 없을 것 같다.

〈도둑질이라고 못했겠냐/너그들 멕여 살려야 혔다/너그들 밥줄이 끊어지지 않는다면/도둑년, 미친년 소리쯤사/자장가로 들렸다, 아그들아〉 —「密談」 중

*

약이 귀하던 궁핍한 시대에는 흙이나 오줌, 심지어 똥까지도 약이 되었다. 똥술은, 대나무 마디를 원통처럼 잘라 그 한쪽에 작은 구멍을 내어 솔잎으로 꼼꼼히 막은 다음 뒷간에 넣어두고 한 서너 달 기다리면 그 마디 안에 맑은 액이 고인다. 그것을 다시 막걸리와 섞어 숙성시켰다. 맛도 향기도 괜찮은 편에다 뼈 치료에는 그만이었다.

수확철의 들일이 어느 정도 끝나가는 어느 늦가을, 감을 따던 작은형이 감나무에서 떨어져 허리를 크게 다쳤다. 허리뼈가 부러졌으나 병원도 멀고 치료비도 없어 된장덩어리

를 허리 밑에 깔고 그냥 누워 지내고 있었다. 한 사나흘 지났을까, 어머니가 막걸리사발을 들고 방으로 들어왔다. 그런데 고약한 구린내가 확 풍겼다. 똥술이었다. 어머니는 누워 있는 작은형 더러 그것을 마시라고 했다. 직접 마셔보고 환하게 웃어보이며 마실만하다고 마셔보라 했다. 철든 나이에 자존심이 유별난 작은형이었다. 마실 턱이 없었다. 마침내 어머니는 옆에서 얼쩡거리던 나를 보고 마셔 보라 하지 않는가.

나는 그 똥술을 마시지 않을 수 없는 상황이 되었다. 캬악! 그렇게 고약한 술을 마셔보기로는 내 생전 처음이었다. 어머니는 옆에서 "마실만하재, 그자?"하면서 눈을 찡긋거리며 넌지시 압력을 넣었다. "형님아, 맛있다 제법 마실만하다야, 마셔봐라!" 나는 작은형이 그걸 마시리라고 기대하지는 않았지만 그렇게 말할 수밖에 없었다. 그런데 이게 어찌 된 일인가. 작은형이 눈치를 힐끔힐끔 보더니 똥술을 마시기 시작했다. 그래서 그런지 작은형의 허리는 훨씬 빨리 나았다.

아무렇지도 않게 똥술을 빚어서, 마셔 보이던 어머니의 웃는 모습이 눈에 선하다. 그런 일이 있은 후로 나와 작은형은 그 좀 구린내 나는 비밀을 공유하고 있는 까닭에 띠앗이 남다르다.

*

방문 앞에 웅크리고 앉아 아까부터 열심히 실을 꿰신다. 여느 때 같았으면 옆에 있는 사람 더러 꿰어 달라 했을 것임이 분명한데 오늘따라 웬 고집이신지. 그 모습이 너무나 진지하다. 아니 엄숙하다. 주위의 소리도 그 무엇도 어머니의 마음에는 없다. 오로지 실 끝과 바늘귀에 온 정신이 집중되어 있다. 어둔 눈에다 떨리는 손으로 그 작은 바늘귀에 실을 꿰기란 쉬운 일이 아니다. 몇 번이고 실 끝은 바늘귀를 벗어나 축축 늘어지곤 한다. 그러면 어머니는 마른 침을 다시 발라 실 끝을 꼿꼿이 세운다. 허리가 아프지도 않은지, 미동도 않고 계속하여 실패를 거듭하더니 아, 바늘 끝에서 사라지고 없던 의식인가, 아니면 그 실 끝의 극점에 맺혀 바늘귀를 밝힌 의식인가! 마침내 실을 꿰어 허리를 펴고 일어서는 어머니의 환한 얼굴!

*

월아산 성은암은 진주의 명찰 청곡사(靑谷寺)의 말사이다. 성은암으로 오르는 길을 바람이 이끄는 대로 오른다. 길이 스스로 제 몸을 줄이더니 이윽고 좁은 산길이다. 좀 쥐똥나무와 마삭줄의 흰 꽃숭어리가 길을 밝혀 든다. 꽃향이 싸— 하면서도 깊이가 있다. 단번에 가슴을 씻어낸다. 각종 사초는 길에 엎드리고 청미래덩굴, 으아리덩굴은 마삭줄과 함께 소나무, 서어나무, 갈참나무 등을 부둥켜안고 오른다. 노루발풀꽃, 골무꽃이 고개를 들어 하늘을 우러러본다.

가시를 몸에 두른 며느리배꼽의 오름을 따라 눈을 든다. 청설모 한 마리 쪼르르 나무를 탄다. 산까치가 포록포록 꽁지를 까댁이며 묘법연화경 한 구절을 읊조리며 날아간다. 하늘이 유달리 푸르다. 성은암으로 곧장 오르는 길과 정상을 향하는 비탈 심한 길이 점잖게 행방을 묻는다. 길은 물음이다. 우리가 가야 할 방편이며 선택이다. 어디로 가든 정상에 오를 수야 있다. 우리가 가다가 지치고 피로를 느낀다는 건, 아직도 가야 할 길이 남았기 때문이라고 했던가? 망설임과 설레임도 잠시, 성은암으로 접어든다.

*

작은 골을 타고 흘러 내리는 물소리, 반야심경이다. 늙은 적송이 사지를 펼쳐둔 아래, 커다란 바위 하나 어흠어흠 금강경을 품고 앉았다. 경은 읽지 않고 보는 것이라 한다. 깨달음의 경지에 이르는 방편을 보는 것이다. 산자락의 나무들이 한눈에 들어온다. 제각기 본성을 잃지 않고 수천 수만의 경전을 잎잎이 펼쳐 들었다. 어디에도 말은 없다. 혜봉 법성스님은, 식(識)이 맑아지면 저 아래 청곡사에서 참배하는 청신녀의 숨결까지 느껴진다고 한다.

성은암에서 느끼는 달빛은 쇄금(碎金) 같다. 밤이 무르익자 이윽고 대나무 끝이 휘영청 보름달을 낚아 올린다. 부서지는 달빛이 천지에 가득하여 공(空)의 세계가 찬란하다. 은행나무 부처님이 남해바다 자란자란 내다보시다 속눈 뜨고 가만히 하품하는 곳, 청대밭이 하루 종일 수런수런 깨어 있는 곳에서 진실되고 허망하지 않는 반야바라밀다주를 듣는다.

*

노자가 詩라면, 장자는 소설이다. 맞는 말이다. 노자가 침묵의 씨방이라면 장자는 그것을 펼쳐 보인 꽃이다. 노자가 부재라면 장자는 존재인 것 같다. 존재는 보이지 않는 그 생명력이 형태를 갖추고자 하는 욕망의 현현(顯現)이다. 장자를 무(無)라고 하고, 노자를 허(虛)라고도 한다.

시 쓰는 일은, 주체를 집중시킴으로 확장되는 작업이다. 그것은 꽃피우는 일처럼 가열하지만 은밀하고 난해하다. 말의 세계를 벗어나 나에게 집중하면, 말로 이루어진 세상의 온갖 시선을 의식하지 않게 되어 스스로를 초월한다. 나는 내가 아니다. 더 넓은 내가 된다. 노자도 되고 장자도 되고, 어머니도 되고 친구가 되거나 과거와 미래로, 마침내 시공조차 뛰어넘는다. 아무튼 그렇게 객관화된다. 보편성을 띈 개체가 되는 것이다. 주관을 확장하면 객관이 된다.

커다란 주관이 곧 객관이다.

언어는 본디 없는 것이다. 형체 없는 것들이 우리를 지배한다. 돈도 권력도 명예 등도 모두 구체적으로 존재하는 것이 아니다. 관념의 덩어리일 뿐이다. 시 쓰는 일은 이러한 언어가 만들어낸 관념의 구속으로부터 해방을 꿈꾸는 언어의 작업이다. 참으로 어처구니없는 모순이다. 꿈의 언어요 꿈의 문법이다.

내가 시조(時調)에 바라는 꿈 또한 장자의 무(無)와 노자의 허(虛)의 또다른 모습이 아닐까?

만인시인선 72

남강 벼룻길

초판 인쇄 2020년 2월 20일
초판 발행 2020년 2월 25일

지은이 / 강 경 주
펴낸이 / 박 진 환

펴낸 곳 / 만인사
출판등록 / 1996년 4월 20일 제03-01-306호
주소 / 41960 대구광역시 중구 명륜로 116
전화 / (053)422-0550
팩스 / (053)426-9543
전자우편 / maninsa@hanmail.net
홈페이지 / www.maninsa.co.kr

ISBN 978-89-6349-143-1 03810

값 9,000원

* 이 도서의 국립중앙도서관 출판예정도서목록(CIP)은 서지정보유통지원시스템 홈페이지(http://seoji.nl.go.kr)와 국가자료종합목록 구축시스템(http://kolis-net.nl.go.kr)에서 이용하실 수 있습니다(CIP제어번호 : CIP2020004618).

만 / 인 / 시 / 인 / 선

1. **이하석** 시집 | 高靈을 그리다
2. **박주일** 시집 | 물빛, 그 영원
3. **이동순** 시집 | 기차는 달린다
4. **박진형** 시집 | 풀밭의 담론
5. **이정환** 시집 | 원에 관하여
6. **김선굉** 시집 | 철학하는 엘리베이터
7. **박기섭** 시집 | 하늘에 밑줄이나 긋고
8. **오늘의 시 동인** | 「오늘의 시」 자선집
9. **권국명** 시집 | 으능나무 금빛 몸
10. **문무학** 시집 | 풀을 읽다
11. **황명자** 시집 | 귀단지
12. **조두섭** 시집 | 망치로 고요를 펴다
13. **윤희수** 시집 | 풍경의 틈
14. **장하빈** 시집 | 비, 혹은 얼룩말
15. **이종문** 시집 | 봄날도 환한 봄날
16. **박상옥** 시집 | 허전한 인사
17. **박진형** 시집 | 너를 숨쉰다
18. **정유정** 시집 | 보석을 사면 캄캄해진다
19. **송진환** 시집 | 조롱당하다
20. **권국명** 시집 | 초록 교신
21. **김기연** 시집 | 소리에 젖다
22. **송광순** 시집 | 나는 목수다
23. **김세진** 시집 | 점자블록
24. **박상봉** 시집 | 카페 물땡땡
25. **조행자** 시집 | 지금은 3시
26. **박기섭** 시집 | 엮음 愁心歌
27. **제이슨** 시집 | 테이블 전쟁
28. **김현옥** 시집 | 언더그라운드
29. **노태맹** 시집 | 푸른 염소를 부르다
30. **이하석 외** | 오리 시집
31. **이정환** 시집 | 분홍 물갈퀴
32. **김선굉** 시집 | 나는 오리 할아버지
33. **이경임** 시집 | 프리지아 칸타타
34. **권세홍** 시집 | 능소화 붉은 집
35. **이숙경** 시집 | 파두